Das Geheimnis lasst uns künden!

Glaubensgespräch heute

oder „Öffnung des Herzens"[1]

an „verhülltem Tag"[2]

von Rudolf Hubert

---

[1] "Die Öffnung des Herzens" ist das Einführungskapitel in Karl Rahners Buch "Von der Not und dem Segen des Gebetes". ("Beten mit Karl Rahner", Band 1 "Von der Not und dem Segen des Gebetes", Freiburg-Basel-Wien, 2004; - Zuerst in Felizian Rauch, Innsbruck, 1949). In ihm geht es um Selbstkonfrontation, um Besinnung auf das Selbst- und Weltverständnis des heutigen Menschen. Glauben und Leben, Denken und Fragen, bilden in diesem weit verbreiteten Buch Karl Rahners eine untrennbare Einheit. Hinzu kommen Glaubenserfahrungen und Bilder, die auch sprachlich klassische Schönheit erreichen.

[2] "Verhüllter Tag" - Bekenntnis eines Lebens - autobiografische Schrift Reinhold Schneiders unter diesem Titel, Freiburg-Basel-Wien, 1959 (zuerst bei Jakob Hegner, Köln, 1954)

Impressum:

Das Geheimnis lasst uns künden!

Glaubensgespräch heute oder „Öffnung des Herzens" an „verhülltem Tag"

© 2021, von Rudolf Hubert

Herausgeber: Hans-Jürgen Sträter

ISBN: 978-3-75435146-8

Ausgabe vom 1. Oktober 2021

Herstellung und Verlag: BoD – Books on Demand Norderstedt

INHALT

I.   Hinführung - Anfragen

Unnachahmlich beschreibt Reinhold Schneider in „Winter in Wien" die ‚Dissonanzen des Lebens', aus denen ein Großteil der Welt besteht. Vieles klang schon an in seinem Werk „Verhüllter Tag". In „Winter in Wien" werden die Konturen jedoch noch deutlicher: Haben Tragik, Absurdität, die ‚Dissonanzen des Lebens', nicht doch das letzte Wort in all den Fragen nach dem Sinn des Lebens? Wir sind heute Zeugen einer Flüchtlings-problematik ungeheuren und ungeahnten Ausmaßes. Papst Franziskus legt seine Enzyklika „Lauda to si" vor, in der nicht nur ein Hymnus auf die Schöpfung angestimmt wird, der mich teilweise an Teilhard de Chardin erinnert. Der Papst analysiert scharf das Versagen gegenüber Gottes Schöpfung durch uns Menschen, er stellt das himmelschreiende Unrecht in zwischenmenschlichen und gesellschaftlichen Beziehungen heraus, das primär auf einem ungeordneten Verhältnis zu uns selbst resultiert, weil wir uns nicht so sehr als „verdankte Existenz" göttlicher Liebe erleben, sondern eher als „zur Existenz verdammt" (Sartre), die sich nur mühsam im Konkurrenzkampf aller gegen alle „ihrer Haut erwehren kann". Papst Franziskus spricht gar von einem Taumel des überbordenden Konsums und des Eigennutzes, dem er die Verantwortung gegenüberstellt, die eigentlich mit unserem Menschsein gegeben ist. Dabei ist Papst Franziskus kein Pessimist. Aber er beschreibt eindringlich und schonungslos die Folgen für Mitwelt und Umwelt, ja für uns selbst, wenn wir als Menschen unserer Verant-wortung nicht gerecht werden.

Es drängen sich Fragen auf, gerade angesichts jener Ver-drängungsversuche, in denen so getan wird, als ob hier ein „Horrorszenario" vorgestellt wird, dass so schlimm schon nicht sein wird.

Und neben der fast panischen Zukunftsangst, die es teilweise gibt, verbunden mit einem abgrundtiefen Pessimismus, der sich teilweise in Verschwörungstheorien flüchtet, die heute ‚fröhlich Urständ' im weltweiten Netz und auf dem Büchermarkt feiern, existiert parallel ein ungebrochener Fortschrittsglaube, der das Heil nach wie vor alleine von den Möglichkeiten der Technik und der gesellschaftlichen Entwicklung des Menschen her erwartet.

- Wird nicht mitunter zu laut und unkritisch (zumindest teilweise) das Lob auf die „gute Schöpfung" angestimmt, ohne das des Schöpfers „aller guten Gaben" gedacht wird?

- Stimmt die Diagnose der Fortschrittsgläubigen überhaupt, dass die Gesetze der gesellschaftlichen Entwicklung fast wie von selbst das „goldene Zeitalter" heraufführen, so dass „das Märchen vom Lande morgen und übermorgen"[3] bald Wirklichkeit wird?

- Muss nicht der Erkenntnis viel mehr Raum gegeben werden, dass wir Gott (jenseits aller ‚Götter') schon deshalb brauchen, weil die Welt nun 'mal so ist, wie sie ist, mit all ihren Ambivalenzen des Guten und Bösen, des Tragischen und Hoffnungsvollen, des Absurden und der glücklichen Fügungen?

---

[3] Titel eines Kinofilms in der ehemaligen DDR, indem es um das Leben von Karl Marx und Friedrich Engels ging

- Wie weit trägt insbesondere angesichts der Realität des Tragischen die Erkenntnis, dass „wir glauben, weil wir lieben"[4]?
- Und trägt die Antwort wirklich etwas aus und wie weit greift sie, dass wir nur im Vollzug der Hoffnung ihrer gewahr und ansichtig werden (können)?

Glauben und Leben sind keine ‚intellektuelle Spielerei'. Doch wie merkwürdig ‚steril', ja fast hilflos erscheint mitunter die Auskunft, dass die Gottesfrage nur im Leben selbst eine Antwort finden kann, eben weil sie keine ‚intellektuelle Spielerei' ist?

- Sind nicht alle „Grenzgänger"[5] der Versuch, sich gewissermaßen einen „Reim auf das Leben" zu machen, eine Antwort zu finden auf die Frage, „was die Welt im Innersten zusammenhält"[6]?

---

[4] Buchtitel von Eugen Drewermann, Ostfildern 2010
[5] Ebenfalls ein Buchtitel von Eugen Drewermann, Ostfildern 2015
[6] Aus Goethes „Faust" – „Das ich erkenne, was die Welt / im Innersten zusammenhält" (Faust I)

II. Reinhold Schneiders Vermächtnis

Wo ist eigentlich **die** Antwort auf Reinhold Schneiders existentielle Anfragen zu finden, für die „Winter in Wien"[7] nur exemplarisch steht?[8] Je mehr ich mich in diese Frage vertiefe, desto bedeutsamer wird der 1958, im Alter von nicht einmal 55 Jahren verstorbene Reinhold Schneider mir. Anhand der Überlegungen zu geschichtsmächtigen Personen wie Friedrich Schiller oder dem alttestamentlichen Propheten Jeremia in „Pfeiler im Strom"[9] spüre ich: Hier thematisiert Schneider eigentlich ,meine' Fragen. Und sicherlich nicht nur meine! Er wird gewissermaßen zum ,Stichwort- geber', der mir in zweifacher Hinsicht hilfreich ist: Bei Reinhold Schneider fühle ich jene Fragen in einer Tiefe an – und ausgesprochen, wie es heute offensichtlich nicht mehr allzu häufig geschieht.

Schneider bringt also zunächst jene Fragen in' s Wort, die heute häufig geahnt, weniger jedoch bewusst ausgesprochen und thematisiert werden. Das scheint vielleicht das eigentliche Dilemma unserer Zeit zu sein: Nur wer sich den eigentlichen Fragen des Lebens stellt, ja, wer sie zu allererst wahrnimmt und zulässt, wird in der Lage sein, verlässlich Orientierung geben zu können – auch und gerade dann, wenn scheinbar danach nicht (mehr) gefragt wird. Das, was am meisten verdrängt wird, kann das am meisten Bedrängende, das am meisten Andrängende und Vermisste sein, ja das im wörtlichen Sinn Notwendige! Insofern ist Reinhold

---

[7] Reinhold Schneider „Winter in Wien", Freiburg-Basel-Wien 1958 – Die hier verwendeten Zitate sind der Buch - Ausgabe von 1963 entnommen
[8] Vgl. hinten - Anhang
[9] Reinhold Schneider „Pfeiler im Strom", Wiesbaden 1958

Schneider ein wirklicher „Kundschafter der Existenz-tiefe"[10], der unserer Zeit jene Stichworte vorgibt, die sie dringend braucht und die sie sich selbst offensichtlich nicht (mehr) zu geben vermag. Es ist gerade die Tiefe und Radikalität, mit der Reinhold Schneider seine Fragen formuliert, die gleichermaßen faszinierend wie aufrüt-telnd, ja aufreizend ist und die Ausschau halten lässt nach Antworten, die dem Niveau dieser Fragen entsprechen.

Dabei scheint es nur auf den ersten Blick merkwürdig zu sein, „wie da die Gipfel einander zunicken".[11] Denn wenn es um das Ganze menschlicher Existenz geht, wird man wohl Pinchas Lapide zustimmen müssen, der es so formuliert: „Gottlose Menschen, falls es solche gibt, scheinen mir metaphysisch behindert zu sein, denn ihnen fehlt die menschlichste aller Dimensionen: Das Gespür für den personalen Gott."[12] Und Herbert Vorgrimler schreibt zu den Glaubensschwierigkeiten, die sich „aus einer typisch heutigen Mentalität"[13] ergeben: „Sie bestehen weniger in einer Ablehnung dieser oder jener Glaubensaussage als vielmehr in dem Widerwillen oder der Unfähigkeit, seine eigene Transzendenz zu akzeptieren und damit Gotteserfahrungen zuzulassen... Die Anerkennung der menschlichen Transzendenz steht in engstem Zusammenhang mit dem Kampf gegen

---

[10] Buchtitel von Karl Pfleger „Kundschafter der Existenztiefe", Frankfurt/Main 1959
[11] Pinchas Lapide/Karl Rahner, „Heil von den Juden?", Mainz, 1989 (3.Auflage), S. 88
[12] Ebenda, S. 87
[13] Karl Rahner „Sehnsucht nach dem geheimnisvollen Gott", herausgegeben von Herbert Vorgrimler, Freiburg-Basel-Wien, 1990, S. 39

inhumane Zustände und um die Rettung der Schöpfung vor der hemmungslosen Gier der Transzendenzlosen."[14]

Es ist dieser evidente Zusammenhang, um den es in den folgenden Überlegungen geht. Die teilweise verheerenden praktischen Folgen, die sich aus der „Gier der Transzendenzlosen"[15] für Mit- und Umwelt, ja für das eigene Selbstverständnis des modernen Menschen und seinen Umgang mit sich selbst ergeben, erweisen nicht nur die ungebrochene Aktualität von Reinhold Schneiders Botschaft aus „Winter in Wien" aus dem Jahre 1958,[16] die zur Neubesinnung aufruft beispielsweise im Verhältnis zur atomaren Aufrüstung, zum Umgang mit der Umwelt oder zu Mechanismen in Politik und Religion, die oft auf Manipulation und Verdrängung einerseits wie auf Machtzuwachs und Immunisierungsstrategien andererseits wesentlich beruhen.

Reinhold Schneider hat in „Winter in Wien" von einer „Kathedrale der Sinnlosigkeit"[17] gesprochen und damit gemeint, dass es unmöglich ist, angesichts der vielfältigen Zusammenhänge, der perfekten Zweckmäßigkeit ausschließlich von Zufall zu sprechen. Das „Gesetz des Fressens und Gefressenwerdens"[18] in der Natur hat ihn

---

[14] Ebenda, S.39

[15] Ebenda

[16] Reinhold Schneider, „Winter in Wien", Herder-Taschenbuch, Freiburg, 1963

[17] Reinhold Schneider „Winter in Wien", Freiburg-Basel-Wien, 1963, S. 120: „Es ist unmöglich, ihn vor dieser unübersehbaren Gestaltenwelt... zu leugnen...ihn zu leugnen vor der absurden Architektur des Dinosauriers – eine Kathedrale der Sinnlosigkeit..."

[18] Ebenda S. 137 „Das Zerstörende, das sich durchsetzt, hebt sich selbst auf, es kann nur bestehen, wenn es von einem Zerstörer aufgehalten wird: Zerstörung im Gleichgewicht

entsetzt, es ließ ihn das Bild des „Vatergottes" verdunkeln.[19] Er erlebte in seinem „Wiener Winter" einen „Glaubensentzug"[20], ein „Herausgleiten aus jeglichem Horizont"[21], so dass ihm der „Vatergott" entschwand.[22] Die Welt war für ihn eine „rotierende Hölle"[23], seine „Gotteserfahrung wurde geprägt durch das Bild des „Keltertreters"[24], Ordnungen lösten sich für ihn unwiderruflich auf[25] und ließen ihn die Wirklichkeit als „Explosion einer zerplatzenden Granate"[26] beschreiben.

---

bedeutet Bestand, eine biologische Gegebenheit, die sich kontinuierend durch alle Schwankungen des geschichtlichen Lebens geltend macht, eine essentiell auf Zerstörung gerichtete Erscheinung endet, indem sie sich übersättigt..."

[19] Ebenda, S. 156 „Das ist ein Kreisen ohne Ende... Man muss aus diesen rotierenden Höllen aufblicken zum Vater der Liebe – und – Wer schlägt nicht die Hände vors Gesicht?"
[20] Reinhold Schneider, WW, S. 34
[21] Ebenda S. 71/ S. 102 f/ 105
[22] Ebenda, S. 120f
[23] Ebenda, S. 156/ 192
[24] Ebenda, S. 110
[25] Ebenda, S. 94f
[26] Ebenda, S. 208

Wie wenig hilfreich und ungenügend ist dann eine Aussage, wie die, dass es einer „optimierten Energieausnutzung"[27] geschuldet ist, wenn der Löwe die Gazelle frisst anstelle von Gras?

An dieser Stelle scheint mir ein Hinweis angebracht als Warnung vor einer ‚Lösung', die keine ist und die sich dennoch ‚verführerisch' anbietet, weil sie ‚mit einem Schlag' das Problem der sogenannten Theodizeefrage zu beseitigen scheint. So schreibt Matthias Beier in seiner verdienstvollen Arbeit über Eugen Drewermann „Gott ohne Angst":

---

[27] Eugen Drewermann „Hat der Glaube Hoffnung?", Düsseldorf und Zürich, 2000, S. 198 „Tatsächlich musste die Biologie im 20. Jh. selber erst nach und nach lernen, sich in vernetzte Strukturen hineinzudenken... Inzwischen lässt sich sogar das präbiotische Geschehen ‚darwinistisch': als ein ‚Kampf' konkurrierender Systeme um Selbsterhalt und um Dauer in der Zeit interpretieren". Ebenda, S. 201: „Alles in biologischer Betrachtung spricht inzwischen dafür, dass der ‚Sinn' der nicht endenden Qualen und Strapazen in der Geschichte des Lebens einzig darin liegt, bestimmte Gene identisch zu reproduzieren." Eugen Drewermann „Wozu Religion?", Herder Verlag Freiburg, Basel, Wien, 2001, S. 125 „Das Leid der Lebewesen ist nicht eine Zufallstatsache... wir müssen begreifen, dass Energie eine Mangelware hier auf der Welt darstellt, dass... schon die Pflanzen in Konkurrenz zueinander darum ringen, wie sie Energie aufnehmen und speichern können... Das alles baut sich auf im Kampf um Energie, und es ist anders gar nicht vorzustellen, als so, wie es sich abspielt. Wir können das naturwissenschaftlich nicht bedauern." Oder auch Reinhold Schneider „Winter in Wien", 1963, S. 237 „Niemand dürfe am Weltall mäkeln: es ist jedenfalls das heilsame Wort, in dessen Grenzen der Mensch zu gedeihen vermag". Der nachgeschobene Halbsatz zeigt allerdings, wie wenig diese Aussage Schneider befriedigt, wenn er hinzufügt: „unter der Voraussetzung gründlicher Resignation."

„Drewermann löst das Theodizeeproblem, indem er es auflöst. Er zeigt, dass es ein Scheinproblem ist, das sich die Theologie selbst geschaffen hat, indem sie Gott einerseits als äußerlich allmächtig und allwissend gemäß antiker griechischer Philosophie behauptet hat, aber andererseits den gleichen Gott sich von der Person Jesu her als absolut gütig vorstellt." [28]

Man wird sich fragen müssen, ob das wirklich so einfach geht. Offensichtlich lässt Beier in seiner Darstellung Spannungspole recht unvermittelt nebeneinander bestehen, ohne deutlich zu machen, ob und wie es hier ein ‚Einvernehmen' geben kann. So schreibt er beispielsweise sehr zu Recht:

„Nur die Antworten, >>die uns einbeziehen in ein Feld der Liebe, indem wir gemeint, gewollt und berechtigt sind zu sein<<, vermögen uns über den Abgrund unserer radikalen Kontingenz hinweg zu tragen. Dies ist eine Kernthese Drewermanns." [29] Gleichzeitig schreibt er nur ein paar Seiten weiter:

„Bei >>dem logisch unlösbaren Theodizeeproblem<< haben wir es mit dem Musterbeispiel einer falsch gestellten Frage zu tun: >>Wir unterlegen dem, was niemand >wollen< kann<<, nämlich dem Leiden, >>einen eigenen göttlichen Willen, nur um alsdann festzustellen, dass ein solcher >Wille< den elementaren Anforderungen nicht genügt, die wir moralisch an willentliche Entscheidungen zu richten pflegen: niemand im Himmel noch auf Erden dürfte >willentlich< uns eine solche Welt bescheren, wie wir sie faktisch vorfinden.<< (U 222)." [30]

---

[28] Matthias Beier, „Gott ohne Angst", Mannheim 2010, S. 156
[29] Matthias Beier, „Gott ohne Angst", Mannheim, 2010, S. 150
[30] Matthias Beier, „Gott ohne Angst", Mannheim, 2010, S. 156

Beier beantwortet die Frage nicht, sondern lässt sie stehen, wie es denn um dieses „Feld der Liebe" steht, das offensichtlich mächtig genug sein muss, um uns „über den radikalen Abgrund unserer Kontingenz hinweg zu tragen" und das deshalb zumindest nicht völlig beziehungslos sein kann zu jener Welt „wie wir sie faktisch vorfinden". Dass wir eine unbedingte Liebe brauchen angesichts unserer „radikalen Kontingenz", ist unbestritten. Doch ist die Botschaft Jesu wirklich glaubwürdig angesichts dieser unserer Welt, „wie wir sie faktisch vorfinden"? Das ist die Frage, um die es geht! Sie drängt sich nachhaltig auf, und die Antwort ist mit dem Stellen der Frage noch längst nicht gegeben! Reinhold Schneider hat auch hier Plausibilitäten und Scheinsicherheiten nachhaltig irritiert, wenn er anmerkt:

„Die Schöpfung ist das schreckliche Wort Gottes, der größer ist als unser Herz. Christus aber ist das fleischgewordene Wort Gottes an die Geschichtswelt der Erde. Wo ist der Einklang des Schrecklichen und der Liebe?"[31]

„Ohne Myriaden von Zerstörern zu beherbergen, ohne von ihnen sich bedienen zu lassen, könnte kein höherer Organismus bestehen; ohne sie also könnte auch der Geist sich nicht aussagen. Und was sind nun Liebe und Schönheit?"[32]

Karl Rahner hat darauf bestanden – um des Menschen willen – dass der Mensch der Frage nach dem Sinn nicht

---

[31] Reinhold Schneider „Kein Ausweichen mehr",
herausgegeben von Peter Modler, Freiburg-Basel-Wien, 1989, S.148 (Das Schweigen der unendlichen Räume, 1955, IX, 496 ff)
[32] Reinhold Schneider, „Winter in Wien", Herder-Taschenbuch, Freiburg, 1963, S.111

ausweicht[33]. Er sprach davon, dass Mensch und Natur in sich nicht genügen, es muss eine weitere Dimension hinzukommen. Gerade an diesem, für die Verkündigung ‚heiklen' Punkt, kommen sich Karl Rahner und Hans Urs von Balthasar sehr nahe, was sowohl die Analyse der Frage als auch den Antwortversuch anbetrifft. Dazu einige prägnante Beispiele:

„Aber eben dass der Vollzug des Geistes, der Freiheit und der personalen Entscheidung so materiell bedingt ist, ist doch ein Problem, dass mit der Feststellung dieser Bedingtheit noch nicht gelöst ist. Es soll Freiheit sein, Selbstbestimmung, unwiederholbare Einmaligkeit. Was so sein will, gerät, um so zu sein, in den anonymen Zwang des biologisch Notwendigen und allgemein Gesetzlichen, will Geist in einmaliger Freiheit sein und wird Materie unter allgemeinem Zwang. Dieser Schmerz wäre nur dann beseitigt und erklärt, wenn sich der Geist als sekundäre Erscheinungsform des Materiellen verstehen könnte. Das aber ist unmöglich."[34]

„Wird der Geist nicht als das Ziel der Natur selbst betrachtet und wird nicht gesehen, dass in ihm die Natur sich selber findet, trotz aller physischen Machtlosigkeit des einzelnen Menschen, dann wird der Mensch auf die Dauer nur mehr als der disparate Widersacher der Natur gelten können und sich so einschätzen."[35]

---

[33] Karl Rahner/ Karl Heinz Weger „Was sollen wir noch glauben?", Freiburg-Basel-Wien,   1979, S. 62 „Kann es die skeptische Abstinenz einer Entscheidung zwischen Theismus und Atheismus auf die Dauer weiterbringen als zu einem Leben von Banalität, das ängstlich den letzten großen Fragen des Daseins als einem und ganzem ausweicht?"
[34] Karl Rahner „Praxis des Glaubens", Zürich, Köln – Freiburg, Basel, Wien, 1982, S.433

„Wenn wir (in religiöser Versenkung) aus Welt und Leid wegstreben, sind Welt und Leiden ein Schein (was sicher falsch ist.) Und wenn wir (auf Evolution vertrauend) nur bessere Zukunft zu bauen suchen, so verraten wir unsere Toten und sind gezwungen, unsere Personwürde ins Reinanonyme aufzugeben. Zwischen >>Religion<< und >>Utopismus<< kann einzig ein christlich-trinitarisch verfasster Sinngrund die Welt begründen und sie mit sich und ihrem Aussehen versöhnen."[36]

„Einen Frieden also, einen Sinn, eine letzte Harmonie, in denen *nur* Natur und Mensch Partner wären, gibt es nicht. Die letzte Sinneinheit, der ursprünglichste Urgrund, in der Mensch und Natur in eins gebunden sind, gibt es weder im Menschen noch in der Natur selbst. Das Problem muss um eine Dimension erweitert werden, soll es überhaupt lösbar sein. Lösbar aber muss es sein, wenn anders der Mensch vor der Frage nach dem Sinn seines Daseins nicht in einen letzten Abgrund des Nihilismus stürzen oder schuldhaft einer solchen Frage – für eine Zeitlang – ausweichen will."[37]

„Das unfassliche Geheimnis der Seligkeit, wir nennen es Gott, ist schon eingestiegen in diese Welt selbst. Es hat diese Welt mit ihrem Grauen, ihrer Zerrissenheit und tiefsten Fragwürdigkeit nur geschaffen unter dem Vorbehalt, dass es selbst sie so, wie sie ist, annehmen werde, dass sie zu ihm gehöre, dass es sie ausleiden, sie durch sich selbst und durch sein eigenes Schicksal hindurch zu der Vollendung führen werde, die das

---

[35] Karl Rahner „Grundkurs des Glaubens", Freiburg-Basel-Wien, 1976, S.190

[36] Hans Urs von Balthasar, „Einfaltungen", Einsiedeln, Trier, 1987, S. 131

[37] Karl Rahner „Rechenschaft des Glaubens", Zürich, Köln – Freiburg, Basel, Wien, 1979, S. 32

Geschaffene nur haben kann, wenn es Wirklichkeit Gottes selbst oder dessen eigene Umwelt und nicht nur seine abständige Schöpfung unter ihm ist... dieser Widerstreit ist, auch wenn er sich auswirken, ja austoben darf, umfasst, schon innerlich überholt dadurch, dass Gott selbst alles in seiner Widerstreitigkeit in sich selbst hineingenommen hat. Dies ist geschehen in Jesus."[38]

Diese zusätzliche Dimension, von der Karl Rahner in diesem Zusammenhang spricht, ist allerdings „immer schon" da. Nur wird sie oft genug verdrängt, übersehen. Es wird ihr ausgewichen, um sich in dem vermeintlich Überschaubaren einzurichten. In diesem Zusammenhang sprach Karl Rahner auch vom „selbstgewählten Kerker unserer Endlichkeit".[39]

Karl Rahners Denken führt an dieser Stelle in eine Tiefe, in der die wesentlichen Aussagen der Trinität, der Gnadentheologie, der Theologie und Anthropologie ganz eng miteinander verbunden sind. Nachzulesen ist dies u.a. in seinem Büchlein "Von der Not und dem Segen des Gebetes"[40], besonders in den beiden Kapiteln „Der Helfer-Geist" und "Gebet der Not". Wenn es der Geist Gottes selbst ist, der in uns ist, der die absurde (um es nicht zu verharmlosen!) bzw. verbrecherische (Auschwitz!) Schöpfung (Gottes) anklagt, was für ein Gottes-, Welt- und Menschenbild ergibt sich dann und

---

[38] Karl Rahner „Unbegreiflicher - so nah", Mainz, 1999, S. 185 f – ursprünglich in Karl Rahner „Schriften zur Theologe", Band VII, Zürich-Köln, 1971, S. 133-136 („Friede auf Erden")
[39] Karl Rahner in Erinnerung, Düsseldorf, 1994, S. 139 „Wir können nur entweder alles, nämlich Gott selbst in seiner reinen Gottheit wollen, oder wir sind verdammt, d.h. begraben in dem Kerker unserer Endlichkeit."
[40] „Beten mit Karl Rahner", Band 1 „Von der Not und dem Segen des Gebetes", Freiburg-Basel-Wien, 2004

daraus? Wenn Gott in SEINEM Geist 'Träger' eben auch unserer Klage ist? Dann kann man zumindest eines nicht mehr tun, nämlich die 'böse' Welt dem 'guten' Gott gegenüberstellen und sich hochmütig äußern:

„Solch eine böse Welt ist unvereinbar mit einem guten Gott. Weil aber die Welt so ist, wie sie ist, kann es Gott, zumindest den Gott, wie ihn christlicher Glaube bekennt, gar nicht geben!"

Wie gesagt, was aber, wenn unsere Klage jene ist, die SEIN GEIST IN UNS MITKLAGT? Wenn und weil Absurdität und Bosheit dieser Welt ja nur DURCH IHN, IN SEINEM LICHT, in SEINEM GEIST, als solche erkannt werden und erkannt werden können?

Reinhold Schneider hat vor sehr vielen Jahren bereits in geradezu prophetischer Weise noch ein *weiteres Dilemma* der Glaubensverkündigung, wie wir es heute erleben, beschrieben: „'Sie haben keinen Wein mehr': damit beginnt das Evangelium. Wie aber steht es mit denen, die nicht geladen wurden zur Hochzeit? Immer schmaler wird die Tafel des Bräutigams, immer breiter werden die Tische, an denen niemand mehr nach Wundern verlangt."[41]

Was, wenn der Glaube nicht einmal mehr fragwürdig, der Frage würdig ist? Wenn der köstliche Wein unbeachtet stehenbleibt, weil weder Durst noch Geschmack vorhanden sind? Wenn es keine sinnvollen Antworten mehr geben kann, weil es keine Fragen mehr gibt? Wenn der Mensch vergessen hat, dass er vergessen hat – nämlich nach sich selbst und dem Sinn des Ganzen zu fragen? Karl Rahner sprach davon, dass der Gottes-

---

[41] Reinhold Schneider „Winter in Wien",Freiburg, Basel, Wien, 1963, S.71

verlust einhergeht mit dem Selbstverlust und davon, dass dies auch völlig „normal", ganz unspektakulär, geräuschlos und unbemerkt, vor sich gehen kann.

Wir erleben also heute unterschiedliche Erfahrungen, die sich teilweise widersprechen, sich auszuschließen scheinen, sich ergänzen oder sich gegenseitig bestätigen. Allesamt sind sie jedoch Glaubenserfahrungen und Glaubensbilder. Warum? Weil sich in ihnen das Ganze des Seins und der menschlichen Existenz unabweisbar meldet. Weil in ihnen buchstäblich alles „auf dem Spiel steht". Dem widerspricht nicht nur nicht die Tatsache, dass jene Aussagen und Erfahrungen, Hinweise und Assoziationen oft nebeneinander her bestehen, ineinander übergehen oder gegenseitig sich Konkurrenz machen. Wo es um Fragen geht, die jeden „kategorialen" Bereich überschreiten, wo es buchstäblich um Alles oder Nichts geht, da gibt es keine „glatten Lösungen". Da darf es sie nicht geben, wenn damit unredliche Harmonisierungsversuche gemeint sind. Auch hier hatte Reinhold Schneider ein untrügliches Gespür:

„Wie sollen wir als Christen die ungeheure Tragödie der Tierwelt...die unsagbaren Entbehrungen und Schrecken, durch die sich der Mensch in den Eiszeiten emporgekämpft und emporgelitten hat, ohne Beschwernis dem Vater der Liebe unterstellen?... es ist besser, zu sterben mit einer brennenden Frage auf dem Herzen, als mit einem nicht mehr ganz ehrlichen Glauben: besser in der Agonie als in der Narkose."[42]

---

[42] Reinhold Schneider „Kein Ausweichen mehr", herausgegeben von Peter Modler, Freiburg-Basel-Wien, 1989, S.148 (Das Schweigen der unendlichen Räume, 1955, IX, 496 ff) - Hier sei vielleicht noch eine etwas ausführlichere Bemerkung angebracht zu Fragen der herkömmlichen Religionskritik, die

Hans Urs von Balthasar will „das Uneinholbare des Christlichen...in einem einigermaßen abrundenden Bild" vorstellen, Schneider erlebt in seinem „Winter in Wien" die Wirklichkeit so, dass er kaum noch in größeren Zusammenhängen und Abhandlungen schreiben kann. Für ihn wird alles Fragment, er erlebt nicht „Das Ganze im Fragment"[43], kein abgerundetes Bild. Stattdessen

---

mir über den Stand, den sie im 19. und 20. Jahrhundert erreicht hat (Nietzsche, Feuerbach, einschließlich Marx und Freud), nicht wesentlich hinausgekommen zu sein scheint. Die nachfolgenden Aussagen illustrieren diesen ‚Befund' ziemlich eindeutig: „Dass eine Entwicklung, die seit so langer Zeit in Richtung auf immer höhere Ordnungen verläuft, sich zum Schluss als Fata Morgana erweisen könnte, als etwas, was im Nichts endet, was sinnlos ist, das ist für mich von einer so überwältigenden Unwahrscheinlichkeit, dass ich das ausscheide aus einer rationalen Diskussion...weil diese Geschichte ein ungeheures Geheimnis ist, weil hinter ihr ein ungeheures Geheimnis steht, das diese Ordnung verbirgt und in immer neuen und höheren Formen realisiert, weil wir ein Teil dieser Geschichte sind, haben wir auch Anteil an ihrem Sinn. Wir können ihn nicht angeben, wir erkennen ihn nicht...Es muss uns genügen, dass es diesen Sinn gibt."(Hoimar von Ditfurth und Dieter Zilligen: Das Gespräch, München 1992, S. 94-96) „Natürlich höre ich...sofort die Skeptiker sagen, das zeige nur, dass die Religion aus evolutiven Gründen hervorgebracht sei als eine Form psychischer Überlebensstrategie: Wenn sich zeigt, dass denkende Wesen verrückt werden an der Welt, ist es entwicklungsgeschichtlich äußerst vorteilhaft, wenn sie sich Religion einbilden; Religion erscheint so als ein Wahn, der aber im Sinne der Evolution liegt, weil er dem Menschen hilft, länger zu überleben. Ich glaube nicht, dass ein solches Argument verschlägt, denn es geht nicht darum, mit welchen

nimmt alles für ihn die „Gestalt" einer „zerplatzenden Granate" an.

Gerade weil zudem Schneider eine Zeit heraufkommen sieht, die oft keine Fragen mehr kennt, die das Ganze betreffen, so dass es auch keine Antworten darauf sinnvollerweise geben kann, sehen Drewermann und Rahner die „Öffnung des Herzens" als eine fundamentale

Fiktionen Menschen gerade eben noch in der Welt zurechtkommen, es geht ganz einfach darum, welche Grundbedürfnisse sich anmelden, wenn und weil Menschen geistige Wesen sind. Salopp gesprochen: Wir haben einen Magen mit dem Bedürfnis, etwas zu essen zu finden, sonst gehen wir zugrunde. Und ich glaube, wir haben einen Geist, um bestimmte Antworten zu finden. Diese Antworten liegen in der Religion, und zwar wesentlich in der Abkehr von den biologischen Interessen des Überlebens, gleich, ob auf der Ebene der Gene oder der Meme. Was ‚überleben' möchte, ist das ungeschützte, fragwürdige, liebeheischende enttäuschbare Individuum. Es möchte aber nicht ‚überleben' im Kampf der Konkurrenz um Macht, Revierbesitz, Nahrungsressourcen oder Weibchen, es möchte eine Liebe finden, die ihm in seiner Einmaligkeit eine unzerstörbare, dauerhafte Bedeutung zuspricht." (Eugen Drewermann „Wenn die Sterne Götter wären", Freiburg-Basel-Wien, 2004, S. 154 f)

„Wir müssten unsere Seele schon sehr stranguliert haben, um uns in den Kategorien des Endlichen zur Ruhe zu setzen...für jemanden, der in der Wüste verdurstet, ist der Durst ein *Beweis*, dass es Wasser geben muss, selbst wenn an dem Ort, da er lebt, weit und breit kein Wasser zu finden ist. Dass es Durst gibt, zeigt unwiderleglich, dass es Wasser gibt, denn ohne das Wasser gäbe es keinen Durst. Und so ganz analog: Dass wir Menschen an Gott denken können, zeigt, dass es ihn gibt, denn sonst würde in unseren Kopf ein solcher Gedanke

21

Aufgabe der Glaubensverkündigung an. Der Erweis, dass nichts Endliches unseren Fragen, unserer Sehnsucht, unseren Hoffnungen und unseren Nöten gerecht zu werden vermag, ist wie ein „negativer Beweis", dass der Mensch ohne real gelebten Gottesbezug ein Torso bleibt. Darum ist „Winter in Wien" auch so ein tiefes Glaubenszeugnis, darum geben alle „bekümmerten

---

gar nicht hineinkommen können; und schon weil wir uns nach der Unendlichkeit sehnen, zeigt dies, dass wir aus dem Unendlichen kommen und in das Unendliche gehen." (Eugen Drewermann „Das Wichtigste im Leben", Ostfildern, 2015, S. 122 f)

„Freud etwa irrt, wenn er die Religion als Illusion bezeichnet. Sicher ist ihm darin zu zustimmen, dass ein Wunsch noch nicht die Erfüllung des Gewünschten garantiert. So kann sich, wie Freud meint, ein Bürgermädchen durchaus die Illusion machen, dass ein Prinz kommen wird, um sie heimzuholen. ‚Sehr wahrscheinlich ist dies nicht'. Da hat Freud sicher recht. Aber gerade die Gleichsetzung von Religion mit einem Glauben, in dessen Motivierung sich die Wunschvorstellung vordrängt, zeigt, dass Freud am eigentlichen Problem vorbeidenkt. Denn es geht gar nicht um die Frage, ob Gott eine Wunschvorstellung des Menschen ist. Es geht viel-mehr um die Frage nach der Bedingung der Möglichkeit für die Tatsache, dass auch ein Prinz noch nicht die ganze Erfüllung des Bürgermädchens ist, dass auch das Bürgermädchen, wenn es seinen Prinz hat, noch immer Neues in die ‚Scheune' des Bewusstseins, der Glückserwartung usw. einfahren wird – und so diese Scheune, nüchtern gesehen, immer leer bleibt." (Karl-Heinz Weger „Karl Rahner", Freiburg-Basel-Wien, 1978, S. 63)

„Es findet wie ein Wettlauf statt, wer wirksamer und tiefer diese Freiheit verstehen und durchsetzen kann. Der Atheismus

Atheisten" (Karl Rahner) ein so lebendiges Zeugnis ab von dem, „was alle meinen, wenn sie Gott sagen".

Im Glaubensvollzug - und nur **in** ihm – erweist sich seine Notwendigkeit und damit seine Alternativlosigkeit als die einzige und wirkliche Verifikation des Glaubens.

---

ist ganz mit diesem Thema beschäftigt: Befreiung der Vernunft von den Fesseln des Glaubens (Aufklärung), Befreiung des wirtschaftlich versklavten Menschen zu menschenwürdiger Arbeit (Marx), Befreiung des Individuums von den Ketten seiner unbewältigten Vergangenheit (Freud), Befreiung der gesamten Menschheit vom Alpdruck eines nicht mehr geglaubten, als Leiche in der Weltgeschichte mitgeschleppten Begriffes Gott (Nietzsche)". (Hans Urs von Balthasar „In Gottes Einsatz leben", Johannes Verlag Einsiedeln,1971, S.14)

„Dort erübrigt sich auch die Angst vor der Provokation durch atheistische Freiheitsentwürfe. Denn sie alle stehen schließlich mit den Christen zusammen in der gleichen Provokation durch die Weltwirklichkeit selbst...und können ihr nur mit einer diese Wirklichkeit transzendierenden Utopie begegnen. Nie wird innerweltlich das Herr – Knecht – Verhältnis völlig aufhebbar sein (Marx), nie wird der Mensch seinen Ursprung völlig einholen und verarbeiten (Freud), nie wird er als ‚Übermensch' der vollkommen Schenkende, sich niemandem Verdankende sein (Nietzsche). Nie wird in dieser Welt der Mensch den wahrhaft freien ‚homo absconditus' (Bloch) aus sich selber herauszaubern oder eine aggressionslose Natur (Marcuse) konstruieren können. Der christliche Freiheitsentwurf ist doch größer als alle diese Entwürfe, da er die Freiheit zum Tode nicht nur (mit der Stoa und Buddha) einholt, sondern sie überholt im freien Glauben Christi, dass Gott ihn, den ganzen Menschen – mit seinen Brüdern, mit Geschichte und Kosmos – ins Heile heben wird am ‚dritten Tag'". (Hans Urs von Balthasar „In Gottes Einsatz leben", Johannes Verlag Einsiedeln,1971, S.114)

Der Theologe Hans Urs von Balthasar setzt darüber hinaus noch einen anderen Akzent. Er versucht über den Glaubensvollzug hinaus und ausdrücklich den „Aufweis", dass der „Anspruch Christi" zu Recht besteht.[44] Darum kommt bei ihm auch der Ausdruck „objektive Evidenz" vor.[45]

Nach Karl Rahner und Eugen Drewermann ist solch ein „Aufweis" außerhalb des Glaubens - und damit Lebensvollzuges nicht möglich.[46] Der „Blick auf das Herz Christi"

---

[43] Buchtitel von Hans Urs von Balthasar

[44] Hans Urs von Balthasar „Mein Werk", Johannes Verlag Einsiedeln, Freiburg, 1990, S.39 – „...all dies bestärkte den Grundwillen: das Christliche als das uneinholbar Größte, *id quo majus cogitari nequit*, zu erweisen...".
Auf S. 61f schreibt von Balthasar: „Hat es Sinn, diesem modernen Menschen seine besondere religiöse Situation zu erklären?... Vielleicht bis zu einem gewissen Grad, und ich habe den Versuch in *Die Gottesfrage des heutigen Menschen* unternommen; das Ergebnis enttäuschte mich; der Gedanke tauchte auf, das Uneinholbare des Christlichen, für den heutigen Menschen so gut wie für den gestrigen, in einem einigermaßen abrundenden Bild vorzustellen. So reifte der Plan einer Trilogie...".

[45] Hans Urs von Balthasar „In der Fülle des Glaubens", Hans Urs von Balthasar – Lesebuch, Freiburg – Basel – Wien, 1980, S. 132ff - „Die Figur, die Gott hinstellt...hat die Evidenz eines Summums an sich. Nein, etwas Größeres kann nicht gedacht werden. Das wird verstanden...Nicht nur gefühlsmäßig, enthusiastisch, sondern im klaren Licht geistigen Verstehens."

[46] Eigentlich geht es um einen einfachen Sachverhalt: Es gibt in der Theologie durchaus den Versuch, sich gegen das Leben durch einen Rückzug in' s vermeintlich Innere oder Ästhetische abzuschotten. Nach dem Motto: Ich schaue auf die Monstranz, versenke mich darin, was Gott in Jesus getan hat für die Welt und für mich. Wenn das alleine Christentum ist, fallen etliche Dimensionen dahin. Es gibt dies teilweise gar nicht so selten in unserer Kirche. Wo überall vermeintlich Abbruch im kirchlichen Bereich wahrgenommen wird, (Dabei 'offenbaren'

(„Schau der Gestalt" Balthasars) kann zwar den Vollzug des Glaubens im Leben stärken. Er darf jedoch nicht den Anspruch erheben, ihn zu ersetzen und/oder dessen Gültigkeit außerhalb des (gnadengetragenen) Vollzuges zu ‚beweisen'.

Karl Jaspers Wort „Keine Existenz ohne Transzendenz"[47] meint genau dies: „Existieren ist das Selbstsein, das sich zu sich selbst und dadurch zu der Transzendenz verhält, durch die es sich geschenkt weiß und auf die es sich gründet."[48]

„Existenz ist geschenkte, empfangene Existenz. In derselben Weise, wie ich der Existenz gewiss bin, die ich bin, bin ich der Transzendenz gewiss, durch die ich bin. Aus dem unbezweifelhaften Dass der Existenz wird das Dass der Transzendenz unmittelbar gewiss."[49]

Es ist dieses wesentliche, von Gott herkommende Ungenügen, das uns Menschen zum „Hörer des Wortes" macht.
Als geschichtliche Wesen erkennen und erfahren wir unseren „Glaube in Geschichte und Gesellschaft".[50] Glaube geschieht wesentlich in vielfältigen Formen der

---

Karl Rahners Überlegungen des "anonymen Christen" durchaus eine wesentlich differenziertere Sicht auf die Dinge!) wird der liturgische Vollzug teilweise dermaßen überhöht, dass er Ausschließlichkeitscharakter annimmt. Wo dies dann theologisch gewissermaßen noch rationalisiert wird, haben wir fast einen totalen Bruch zwischen ‚Glauben' (der zur Ideologie verkommen ist) und dem tatsächlichen Leben zu verzeichnen.

[47] Heinrich Fries „Fundamentaltheologie", Leipzig, 1985, S. 48
[48] Ebenda, S. 48, Anm. 14,Vernunft und Existenz, 17.
[49] Ebenda, S. 48
[50] Buchtitel von Johann Baptist Metz, 5.Auflage 1992

Begegnung. Im Zeugnis der Glaubensgemeinschaft der Kirche kommen wir mit dem Christusereignis in Kontakt, finden wir den „Mut zum kirchlichen Christentum"[51]. Angesichts unserer Selbst– und Welterfahrung erfahren wir auch die Freude, das Frohmachende, die Weite unseres Glaubens. Allerdings: Seine buchstäbliche Notwendigkeit können wir nicht gleichsam demonstrieren, vorzeigen, sozusagen „auf den Tisch legen". Nur im Glaubensvollzug selbst erweist der Glaube seine Kraft, analog wie in allen personalen Vollzügen des Hoffens und Liebens, des Vertrauens oder der Freude.

---

[51] Karl Rahner „Schriften zur Theologie", Band 14, Zürich-Einsiedeln-Köln, 1980, S. 11 ff

III.   Warum bin ich heute Christ?

„Das Fordernste ist auch das Schönste. Das Schwerste erweist sich, weil es die Liebe ist, als ‚leichte Bürde, sanftes Joch'. Als das, was man bei allem Sträuben schließlich am liebsten tut. Menschlich ist Liebe eine Möglichkeit der Freiheit unter andern. Göttlich wird Liebe zu der Manifestation der göttlichen Freiheit, bewiesen in Anspruch, Kreuz und Auferweckung Jesu".[52]

„Ich finde, Christ sein ist die einfachste Aufgabe, die ganz einfache und darum so schwere leichte Last, wie im Evan-gelium steht. Wenn man sie trägt, trägt sie einen. Je länger man lebt, umso schwerer und leichter wird sie. Am Ende bleibt das Geheimnis. Es ist aber das Geheimnis Jesu."[53]

Beide Aussagen stehen ganz am Schluss grundsätzlicher Erwägungen Karl Rahners und Hans Urs von Balthasars, die schon vom Titel her fast identisch sind. Sie bilden somit gewissermaßen eine abschließende „Summenfor-mel", die alles noch einmal auf engstem Raum zusam-menfasst.
Beide, Karl Rahner und Hans Urs von Balthasar, realisieren: Glaube ist gleichzeitig das Fordernde, das Schwere einerseits, das Schönste, das Einfachste

---

[52] Hans Urs von Balthasar in „2 Plädoyers", München, 1971, S. 52. Die Sätze stehen am Ende des Beitrages von Hans Urs von Baltha-sar unter dem Titel: „Warum ich noch ein Christ bin".
[53] Karl Rahner/ Karl Heinz Weger „Was sollen wir noch glau-ben?", Freiburg, Basel, Wien, 1979, S. 207. Die Sätze stehen am Ende eines Beitrages von Karl Rahner unter dem Titel: „Ich glaube an Jesus Christus" – Identisch mit Karl Rahner „Praxis des Glaubens", Freiburg-Basel-Wien/Köln-Zürich, 1982 „Wa-rum bin ich heute ein Christ?", S.38/39

andererseits. Glaube hat bei beiden Theologen mit dem Leben unmittelbar zu tun.

Balthasar kennt zudem eine Form göttlicher Liebe, die „Beweischarakter" hat.
Für Rahner ist der Verzicht auf solche Art von „Beweis" entscheidend. Für ihn ist der Lebensvollzug das Entscheidende, in dem das Geheimnis waltet. Die Hoffnung begründet sich, insofern es sich um das Geheimnis Jesu handelt, das auch uns in absoluter Nähe annimmt.
Auch hier bieten sich gewissermaßen zwei Paralleltexte an, die diesen legitimen christlichen Pluralismus in inhaltlich höchster Konzentration eindrucksvoll bezeugen:

„Müssten wir nun in wenigen Worten die fruchtbarste Seite der Überlegungen Hans Urs von Balthasars für die gegenwärtige Kirche und für die Neuevangelisierung zusammenfassen, müssten wir diese wohl suchen in seiner Einladung an die Kirche, wieder ins Zentrum zurückzukehren, zum Verbum caro factum est. Auch heute kann nur die kenotische Liebe Jesu im Horizont der sich schenkenden trinitarischen Liebe die Sendung der Kirche erleuchten, erklären und ermutigen." [54]

„Aber was eigentlich die wirkliche Mitte der christlichen Botschaft sei, darüber denken wir viel zu wenig nach. Man kann natürlich und mit Recht sagen, diese Mitte sei Jesus von Nazareth, der Gekreuzigte und Auferstandene, nach dem wir Christen uns doch nennen. Aber wenn das wahr ist und hilfreich sein soll, dann muss doch gesagt

---

[54] Angelo Cardinal Scola - Text auf der Seite des Buchrückens von „Eine Theologie für das 21. Jahrhundert" – Zur Wirkungsgeschichte Hans Urs von Balthasars, Symposium zu seinem 25. Todestag, herausgegeben von der Hans Urs von Balthasar – Stiftung, Einsiedeln, Freiburg 2014 (Im Buch selbst ist dieser Text nachzulesen auf S. 254 f)

werden, warum und wie dieser Jesus der sei, auf den man allein sich im Leben und Sterben verlassen könne. Was muss man aber auf diese Frage antworten?

Wenn diese Antwort nicht das Bekenntnis wäre, dass die eigentliche Selbstmitteilung des unendlichen Gottes über alle kreatürliche Wirklichkeit und endliche Gabe Gottes hinaus das sei, was durch Jesus und ihn allein uns zugesagt, angeboten und garantiert ist, dann könnte die Wirklichkeit Jesu, weil sie ja in sich und in ihrer Botschaft im Endlichen und Kontingenten bliebe, vielleicht eine, vielleicht die beste, eben die jesuanische Religion begründen, aber nicht die absolute, allen Menschen im Ernst zudenkbare Religion. Die eigentliche und einzige Mitte des Christentums und seiner Botschaft ist darum für mich die wirkliche Selbstmitteilung Gottes in seiner eigensten Wirklichkeit und Herrlichkeit an die Kreatur, ist das Bekenntnis zu der unwahrscheinlichsten Wahrheit, dass Gott selbst mit seiner unendlichen Wirklichkeit und Herrlichkeit, Heiligkeit, Freiheit und Liebe wirklich ohne Abstrich bei uns selbst in der Kreatürlichkeit unserer Existenz ankommen kann und alles andere, was das Christentum anbietet oder von uns fordert, demgegenüber nur Vorläufigkeit oder sekundäre Konsequenz ist."[55]

Eugen Drewermann formuliert es in seinem Dostojewski – Buch „Dass auch der Allerniedrigste mein Bruder sei" so:

---

[55] Aus „Der Denkweg Karl Rahners", Mainz 2003 (2.Auflage 2004), S.301, dort unter der Überschrift „Epilog: „Was eigentlich die wirkliche Mitte der christlichen Botschaft sei" - Karl Rahner, Erfahrungen eines katholischen Theologen, in KARL LEHMANN (HG.) Vor dem Geheimnis Gottes den Menschen verstehen, Freiburg i.Br. 1984, 105-119, 109 f

„Von nichts anderem wirklich kann ein Mensch leben als von dem Vertrauen, trotz allem umfangen zu sein von etwas, das er nicht kennt noch beweisen kann und das ihn dennoch besser kennt, als er sich selbst, und das ihn doch als berechtigt erweist inmitten einer Welt sonst unauflösbarer Widersprüche."[56]

Niemand, solange er als Mensch lebt, wird der Alternative entgehen zwischen Vertrauen und Misstrauen. Man kann Vertrauen nicht erzwingen, aber man kann schüchtern darauf aufmerksam machen, dass nur Vertrauen lebensfördernd wirkt, während Misstrauen immer zerstörerisch ist. Wenn das immer und überall gilt, warum dann nicht (erst recht dann!) wenn buchstäblich das Ganze der Welt in den Blick kommt bzw. „auf dem Spiele steht."?

„Dieser Gott aber ist das unbegreifliche Geheimnis. Denn diese Hoffnung (in der Vernunft und Freiheit noch eines sind) geht über alles Angebbare hinaus...Das Wunder des Daseins besteht nun aber nicht so sehr darin, dass es dieses Geheimnis gibt, (wer kann dies eigentlich anders leugnen als dadurch, dass er sich hartnäckig weigert, sich damit zu beschäftigen?), sondern darin, dass man sich mit ihm einlassen kann und darf, ohne im selben Augenblick in seine eigene Nichtigkeit zurückgeschleudert zu werden..."[57]

Ich möchte diese Überlegungen abschließen mit einem Zitat Karl Rahners, das Ausdruck von Glaubensmut und Glaubenszuversicht in einem ist:

---

[56] Eugen Drewermann „Dass auch der Allerniedrigste mein Bruder sei", Zürich und Düsseldorf, 1998, S. 7
[57] Karl Rahner, „Praxis des Glaubens", Zürich-Köln, Freiburg-Basel-Wien, 1982, S. 24

„Was wissen wir von diesem wahren Gott, von Gott, den wir nicht ergreifen, sondern der uns ergreift; den wir nicht tragen, sondern von dem wir getragen werden. Die ursprüngliche Erfahrung ist eben nicht: Ich denke an Gott und ich erkenne ihn, sondern: Ich bin von ihm ergriffen und von ihm erkannt. Mein Wissen, mein Lieben, meine Sehnsucht, meine Angst ist schon von vornherein von einer Unbegreiflichkeit getragen, die eben Gott genannt wird und eben nur dann, wenn diese ursprüngliche Erfahrung Gottes irgendwie durch das Reden über Gott, lebendiger angenommen, da ist, hat dieses ganze Reden von Gott einen Sinn, erst dann hat auch das Nachdenken über Gott einen tieferen Sinn[58].

---

[58] Karl Rahner „Einübung priesterlicher Existenz", Freiburg, 1972, S. 24

IV.   Anhang – Kleines Glaubensbrevier

Die Grundannahme, die den nachfolgenden Glaubens-
aussagen und Glaubensversuchen zugrunde liegt, lässt
sich vielleicht so formulieren: „Für den, der staunt, steht
alles in Frage." (Roman Siebenrock in „Der Denkwegg
Karl Rahners", Mainz, 2004, S. 87). Schon die Weisen
und Philosophen im alten Griechenland wussten, dass
das Staunen der Beginn der Weisheit ist.

Die nachfolgenden Texte bezeugen deshalb, dass nichts
und niemand in der Welt jene Lebens - und damit
Gottessehnsucht zu stillen vermag, die uns wesentlich
ausmacht, ja, die unsere Existenz als „Hörer des
Wortes"[59] charakterisiert. Eines Wortes, das wir uns
nicht selber geben können, das uns zugesprochen werden muss. Dessen wir zwingend und dringend bedürfen.
Eines Wortes, auf das wir uns absolut verlassen können,
das unbedingt gilt. Eines Wortes, das uns vernehmlich
erreicht im Stimmengewirr unserer Zeit, in der
vermeintlich alles gleich wichtig und gleich unwichtig
erscheint und sich aufführt.

Reinhold Schneider

"Das Wort, das an Jeremia geschah, war sein Leben; ein
anderes war ihm nicht erlaubt. Dieses Wort ist vernich-
tendes Licht."[60]

---

[59] Buchtitel von Karl Rahner, Neuausgabe von Johannes Baptist
Metz, München 1963
[60] Reinhold Schneider „Pfeiler im Strom", Wiesbaden 1958,
S. 154

"Wo einer spricht, der sprechen muss, aber nicht recht-behalten möchte, da sollten wir zuhören."[61]

"Wo die zerreißenden Dissonanzen zum unhörbaren Lobgesang sich vereinen sollten, erschien der Prophet. Seine Lebensgestalt ist das Kreuz, sein unsägliches Leid, dass er dem Kreuze zu weit voraus war und Gottes Antwort an Schuld und Tod des Fleisches noch nicht erkennen sollte. Zu sagen, dass kommen muss, was, nach unseres Herzens Herz, nicht kommen sollte: das war das Joch, das Gott dem Propheten um den Nacken gelegt; das der schreckliche lebendige Gott in der ägyptischen Finsternis im Mysterium des Opferraums hinter dem Rauchaltar zerbrochen hat." [62]

"Hier ist die Grenze; ich glaube die schärfste, die sich überhaupt ziehen lässt. Nicht Glaube oder Unglaube formieren die erste Instanz, sondern die Anerkennung des Tragischen; sie geht dem Glauben voraus. Das Christentum ist nur fassbar in einer unheilbaren, aber erlösbaren Welt. Im Verständnis des Tragischen als eines unaufhebbaren Daseins-Widerspruchs liegt eine wesentliche Kontinuität unserer Überlieferung; in seiner Leugnung ein nicht zu verschmerzender Bruch." [63]

„Allein das Märchen von der Gnade löst das Wirrsal: Nur das Märchen ist Antwort an Leben und Zeit; es ist der Lobgesang der Tragiker."[64]

„Wir sollen das Schiff verlassen; wir sollen hinaus...Und wenn unser Herz doch versagen würde im Tosen des Sturms und vor den Abgründen zu unseren Füßen...wäre

---

[61] Ebenda, S.154
[62] Ebenda, S. 155
[63] Reinhold Schneider, „Pfeiler im Strom", S.96
[64] Reinhold Schneider, „Winter in Wien", S. 218

das nicht doch besser, als auf dem Schiff zu bleiben? Denn auf dieser Überfahrt wird ein jeder einzelne angerufen und ein jeder soll, sobald der das Wort vernimmt, hinaustreten auf die Wellen. Diese Freiheit ist unser; alles andere ist Gottes... Jahrtausende lang treiben Schiffe vorüber...Wir wissen nicht, was mit denen geschah, die dem Ruf nicht folgten, an welches Ufer sie getrieben wurden und was dort mit ihnen geschah...Wir wissen nur, dass in dem Gehorsam gegen das Gebot, auf die Wellen zu treten, der Sinn der Zeiten und des Lebens beschlossen ist."[65]

„Auch dürfen wir die Worte der Menschen in dieser Frage nur selten wörtlich nehmen. Welcher Gottesleugner hat sich bis ins Herz erforscht? Welcher Feind der Religion birgt nicht in der geheimsten Kammer seines Innern eine Art Ehrfurcht oder wenigstens Furcht vor einer Macht – oder gar ein heiliges Bild? Und das wäre denn unser Anliegen an die Feinde der Religion: sich wirklich durch und durch zu prüfen und zu fragen, ob sie dem Nichts festen Blickes entgegensehen und wirklich keine Macht erkennen, als die der Menschen oder die Gewalten der Natur. Wie leicht könnte es sein, dass sie doch von Kräften leben, die sie öffentlich leugnen, dass sie kämpfen, während sie gebunden sind, dass eine geheime Lüge den Grund ihrer Existenz ausmacht...Wo Zweifel ist an Gott, da ist schon die Anerkenntnis seines Daseins; denn der Zweifel kann nur arbeiten an einer Realität, ankämpfen gegen einen Widerstand; wo irgendein Bangen ist, eine Scheu vor

[65] Reinhold Schneider „Und Petrus stieg aus dem Schiffe, Baden-Baden, 1946, dort „Der Glaube des Petrus", S.19 f, ; auch Reinhold Schneider „Der Glaube des Petrus", 1941, IX, S.93f - aus Reinhold Schneider „Kein Ausweichen mehr", herausgegeben von Peter Modler, Freiburg, Basel, Wien, 1989, S. 154 f

einer Macht, da kann von unbedingter Verneinung nicht gesprochen werden... Hass auf Gott, wenn er wirklich möglich ist, erkennt Gott an... "[66]

Paul Tillich

„Die Überwindung des radikalen Zweifels und die Rechtfertigung des Zweiflers ist also eine Überwindung durch das, was im Zweifel – wenn auch als bezweifelt – vorausgesetzt war, nämlich durch Wahrheit und Lebenssinn; der Durchbruch der unbedingten Gewissheit ist der Durchbruch der Voraussetzung des Zweifels, der Durchbruch des Grundes, auf dem auch der Zweifel ruht."[67]

„In dieser Situation ist der Sinn des Lebens auf den Zweifel über den Sinn des Lebens reduziert. Aber da dieser Zweifel selbst ein Akt des Lebens ist, ist er etwas Positives, trotz seines negativen Inhalts...Das Paradoxe in jeder radikalen Negation ist, dass sie sich als lebendigen Akt bejahen muss, um im Stande zu sein, radikal zu verneinen...In den Augen-blicken, wo wir am Sinn verzweifeln, bejaht sich der Sinn durch uns. Die Tat, in der wir Sinnlosigkeit auf uns nehmen, ist ein sinnvoller Akt."[68]

---

[66] Reinhold Schneider „Erfüllte Einsamkeit", Freiburg-Basel-Wien, 1963, S. 180 ff
[67] Kenneth Schedler „Natur und Gnade" – Das sakramentale Denken in der frühen Theologie Paul Tillichs
[68] Paul Tillich „Der Mut zum Sein", Stuttgart, 1962, S.127

Josef Ratzinger

„Die Identifikation des Gewissens mit dem Oberflächen-
bewusstsein und die Reduktion des Menschen auf seine
Subjektivität befreit nicht, sondern versklavt; sie macht
uns erst vollends abhängig von den herrschenden
Meinungen und erniedrigt das Niveau der herrschenden
Meinungen selbst von Tag zu Tag. Wer das Gewissen mit
oberflächlicher Überzeugtheit gleichsetzt, identifiziert es
mit einer schein-rationalen Sicherheit, die aus Selbstge-
rechtigkeit, Konformismus und Trägheit gewoben ist.
Das Gewissen wird zum Entschuldigungsmechanismus
degradiert, während es doch die Transparenz des Subjekts für das Göttliche und so die eigentliche Würde und
Größe des Menschen darstellt. Die *Reduktion des
Gewissens auf subjektive Gewissheit* bedeutet zugleich
den *Entzug der Wahrheit*...Gewiss, dem irrenden Gewissen muss man folgen. Aber der *Entzug der Wahrheit, der
vorausgegangen* ist und der sich nun rächt, *ist die
eigentliche Schuld*, die den Menschen in falsche Sicherheit wiegt und ihn am Schluss in der weglosen Wüste
allein lässt."[69]

Eugen Drewermann

„Dies ist die *Chance der Angst*, dass der Mensch in ihr
Gott begegnet. In dem Augenblick, da ihm alles, woran
er unmittelbar im Endlichen hing, in der Angst aus den
Händen fällt, ist ihm die Möglichkeit gegeben, zu
entdecken, wovon er wirklich lebt. Dies ist der Schritt
des *Glaubens:* dass ich mich selbst, meine kontingente,
nicht-notwendige, überflüssige Existenz als geschaffen,

---

[69] Joseph Ratzinger „Wahrheit, Werte, Macht, Frankfurt, 1999,
S.39

vom Unendlichen her als bejaht, gewollt, berechtigt entdecken kann und dass diese Entdeckung es ermöglicht, mich selbst zu akzeptieren, die verzweifelte Flucht vor mir selbst (oder zu mir hin) aufzugeben und mich selber zu bejahen. Die Erfahrung, dass ich mich bejahen kann, weil Gott mein Dasein im Voraus bejaht hat, dass ich den Grund und die Rechtfertigung meines Daseins nicht zu erschaffen brauche, weil es diese Grundlage meines Daseins bereits gibt, dass ich berechtigt bin zu existieren -, denn Gott hat mein Leben gewollt...Die Schuld der Sünde besteht darin, nicht zu glauben, dass Gott die Rechtfertigung des ganzen Daseins, die Grundlage und die Berechtigung der ganzen Existenz ist...Im Getto der Angst erscheint *das Böse* als das eigentlich Naheliegende und Ursprüngliche...Und doch entdeckt der Glaube, indem er vom Menschen einen Augenblick lang absieht, dass der Mensch eine ursprünglichere Möglichkeit besitzt...Vor dieser *ursprünglicheren Möglichkeit*, die doch in der Angst dem Menschen so undenkbar, so unendlich fern und unmöglich vorkommt, erscheint das Böse, die Verzweiflung, als ein *Abfall*, als ein schuldhafter Selbstverrat, als die Preisgabe einer Freiheit, die in der Angst zugrunde geht und dennoch nicht zugrunde gehen müsste. Die Sünde setzt daher stets eine *ursprünglichere Möglichkeit* voraus, die erst der Glaube als die eigentliche *Wirklichkeit zurückentdeckt.*" [70]

„J[71] hat diese Notwendigkeit des Glaubens an den einen Gott Israels mit der Unmöglichkeit begründet, außerhalb der Gemeinschaft mit Gott menschlich und menschen-

[70] Eugen Drewermann „Strukturen des Bösen", Paderborn, München, Wien, Zürich, 1988, III, S. 546-551
[71] Drewermann verwendet die Abkürzung J für die Bezeichnung „Jahwist". (Ebenda, XI)

würdig existieren zu können. Diesem Ansatz, der die ganze Urgeschichte durchzieht, werden wir in der vorliegenden Arbeit nachgehen, indem wir mit philosophischen Mitteln die innere Konsequenz der J Bilder aufzeigen. Indirekt läuft diese Untersuchung mithin auf eine Art existentiellen Gottesbeweises hinaus. Wir wollen zeigen, wir recht J mit der Behauptung hat, dass ein Leben außerhalb der Gemeinschaft mit Gott prinzipiell die Strukturen eines in sich verfehlten, verkrüppelten, von Grund auf bösen Daseins annehmen muss (Gn 6,5; 8,21), dass, mit Kierkegaard gesprochen, ein Mensch verzweifeln muss, dem in der Angst der Glaube an Gott verloren geht, und dass die Menschen ohne Gott unter einem Übermaß an Leid und Kraftvergeudung versuchen müssen, sich in ihrer Angst selber zu absoluten Wesen aufzuwerfen. Wenn es so unmenschlich ist, nicht an Gott zu glauben, sollte man dann nicht zu dem Schluss kommen, dass der Glaube an Gott dem Menschen etwas von Grund auf Notwendiges und Natürliches ist, etwas, das so unbezweifelbar ist, wie die Existenz von Luft angesichts der Qual des Erstickens?"[72]
„Wir werden daher in der philosophischen Diskussion der J Urgeschichte zugleich eine Art indirekter Selbstreinigung der gegenwärtigen Theologie von den unvermerkten Beimischungen des Deutschen Idealismus in Gotteslehre, Anthropologie und Geschichtsbetrachtung betreiben müssen, indem sich immer wieder zeigen wird, dass Gott nicht als ein Ergebnis der Selbstbewegung der Natur, der menschlichen Psyche, des menschlichen Geistes bzw. der menschlichen Kulturgeschichte verstanden werden kann, sondern dass im Gegenteil alles davon abhängt, dass der Mensch sich wesentlich

---

[72] Eugen Drewermann „Strukturen des Bösen", I - III, Verlag Ferdinand Schöningh, Paderborn, München, Wien, Zürich, 1988, Bd. III, S.XLVIII

38

allein zu Gott als dem voraus-gesetzten Ursprung seines Seins verhält; - nicht zum An-sich-sein der Natur, nicht zur Allgemeinheit der Gesellschaft, nicht zu dem Unbewussten seiner Psyche, nicht zu dem Du des anderen Menschen, nicht zum Gesetz der Sittlichkeit, sondern allein zu Gott, der ihn zu allererst befähigt, die Angst in seinem Inneren zu beruhigen, den Ekel vor der eigenen Kontingenz zu bannen, die Konkurrenz des Anderen nicht mehr so tödlich zu erleben und zu dem ruhigen Ziel eigener Menschlichkeit zurück zu finden...Was ist Heidentum, Mythologie und Gnosis anders, als so von Gott, vom Göttlichen, von Göttern insgesamt zu sprechen, dass man Gott als eine eigene und absolute, vom Menschen gänzlich unabhängige Person gar nicht mehr kennt?"[73]

„Bei solchen Worten wird deutlich, dass die Definition des Absurden bei CAMUS eine absolute Evidenz des Menschlichen in sich schließt; und so ist es die entscheidende Frage: Woher stammt diese Evidenz? ... die Problemstellung gilt: woher die Gewissheit?"[74]

„Dann aber bleibt, um das zu sagen, was ALBERT CAMUS gesagt hat, nur der religiöse Weg: Um Liebe, Wahrheit, Menschlichkeit als absolute Maßstäbe des Lebens zu entdecken, vor allem: um die Absolutheit jeder einzelnen Person inmitten dieser anonymen, kybernetischen Maschinerie der Welt als letztverbindlich anzunehmen, bedarf es der Bewegung der Unendlichkeit: - weg aus dem Endlichen mit seinen notwendigen Widersprüchen und absurden Ambivalenzstrukturen zur Absolutheit der Person, die Gott ist, eindeutig und rein, doch nicht um diese Welt zu fliehen, im Gegenteil: um von Gott her in

---

[73] Ebenda, S. LVI f
[74] Eugen Drewermann „Grenzgänger", Ostfildern, 2015, S. 160

diese Welt, ohne je zu begreifen, wie sie seine Schöpfung sein kann, zurückzukehren mit dem Willen und der Festigkeit, ihr standzuhalten. Ohne diese <<Doppelbewegung>>, die der Glaube ist, wäre nicht einmal die Sehnsucht nach dem Schönen...wirklich verständlich... Der Glaube...nur er lässt wirklich klar sehen, macht er doch fähig, die unmenschliche Absurdität in den Strukturen von Welt und Geschichte als das Inakzeptable allererst zu entdecken."[75]

„Wir alle brauchen' s so. Sind wir doch allesamt Grenzgänger zwischen zwei Welten: zwischen Zeit und Ewigkeit, Göttlichem und Menschlichem, Bewusstem und Unbewusstem, Ich und Es, Freiheit und Zwang, Verantwortung und Schicksal,- Geworfene, die einzig darum flehen können, nicht zu Verwerflichen zu werden, Verworfene indessen nur im Harren auf Erlösung...der Weg endlich frei aus der Gefangenschaft, die dieses Diesseits bliebe, schlösse es in seiner Endlichkeit sich ein, getrieben dennoch von der Grenzenlosigkeit eines Verlangens, das im Unendlichen allein Erfüllung finden kann."[76]

„Es ist ein nur poetisch schöner Selbstbetrug, sich vorzustellen, wie wir weiterlebten in den Blumen und den Schmetterlingen. Wir tun es nicht. Wir geben die Chemie der Elemente weiter, die uns selber einmal formten... wenn es einen Trost gibt, so liegt er ganz gewiss nicht in der Auflösung des Personalen, vielmehr allein in der Bestätigung, Bestärkung und Erhebung dessen, was wir als Personen sind...Die Macht der Liebe, die die Paare aneinander bindet, lehrt sie zugleich die Einmaligkeit und Unvertauschbarkeit, die dieser Eine ist, sich immer

---

[75] Ebenda, S.165f
[76] Eugen Drewermann, Grenzgänger, S.19

tiefer einzuprägen und immer dankbarer zu fühlen; und mit der Unersetzlichkeit dieser Person, der unsere Liebe gilt, beginnt zugleich die Unersättlichkeit jenes Verlangens nach Unsterblichkeit...die Liebe als erfahrbarer Garant der Ewigkeit..."[77]

Hans Urs von Balthasar

"Der Mensch hat die Dinge überstiegen; sie können ihm nicht mehr Gott sein. Sich selber hat er genug kennengelernt, um keine Lust mehr zu haben, vor sich niederzufallen. So steht er, wenn er Gott anerkennen will, in einer Unmittelbarkeit zu ihm, die erschreckend ist...Der Mensch muss am Menschen ersticken, wenn ihm in dieser ewigen Selbstbegegnung, die das Leben des Alltags ausmacht... kein anderer begegnet als immer einzig der Mensch. Wenn im Du sich nichts anderes anböte als das, was jeder grundsätzlich von sich selber her kennt: dieses Wesen mit seiner zugekleisterten Endlichkeit, geängstigt durch seine Grenzen, deren unangemeldete Ankunft es nicht kennt: Tod, Krankheit, Wahnsinn, Schicksalsschläge von außen und innen... Tiere können einander lieben, ohne um Gott zu wissen; sie sind doch ihrer selbst nicht bis auf den Grund bewusst. Wesen aber, deren Natur diese Reflexion erlaubt und fordert, und die diese Reflexion in einem bestimmten Stadium ihrer geschichtlichen Entwicklung einmal so gründlich kennengelernt haben, dass darin nicht nur das Individuum, sondern die Gattung als ganze, die Menschheit, sich zu Gesicht bekam: solche können sich ohne Gott nicht mehr lieben."[78]

---

[77] Eugen Drewermann, Grenzgänger, S. 444 f
[78] Hans Urs von Balthasar „Die Gottesfrage des heutigen Menschen", Wien-München 1955, S. 205 f

„Aber die fürchterliche Frage: Wozu das alles, wird immer lauter werden, je mehr die kleine Kugel, auf der wir gefangen stehen von wimmelnden Massen überläuft...Schließlich kann der Dialog der Menschen miteinander nur noch innerhalb der Gefängniszelle erfolgen, auf der das Humanum steht. Dann wird eigentlich der Gedanke, die anderen seien die Hölle, überholt sein durch die Erfahrung, dass wir uns alle gegenseitig und somit jeder sich selber die Hölle ist. Das, womit man auf keinen Fall auskommen kann...weil jeder immer schon weiß, was überhaupt gesagt werden kann...ein Erwachen bei sich ist unvermeidbar, ob man sich nun einsam wiederfindet oder, was vielleicht schlimmer ist, im Spiegel des Du, zu dem man vor sich floh.“[79]

Karl Rahner

„Doch wohin sollte ich gehen? Wäre die enge Hütte mit ihren kleinen vertrauten Dingen, wäre das irdische Leben mit seinen großen Freuden und Schmerzen mir Heimat, wäre nicht all das umschlossen von deinen fernen Unendlichkeiten? Ist die Erde mir Heimat, wenn nicht dein ferner Himmel über ihr steht? Ja, selbst wenn ich mich mit dem bescheiden wollte, was heute so manche als den Sinn ihres Lebens verkünden, wenn ich trotzig entschlossen meine Endlichkeit erkennen und mich zu ihr allein bekennen wollte, ich könnte diese Endlichkeit nur darum wachen Geistes erkennen, nur darum als mein einziges Schicksal auf mich nehmen, weil ich immer schon zuvor hinausgeblickt habe in grenzenlose Fernen, an deren verschwimmenden Horizonten die Unendlichkeiten deines Lebens beginnen. Denn alle

---

[79] Hans Urs von Balthasar, „In der Fülle des Glaubens“, Freiburg-Basel-Wien, 1980, S.207

meine Endlichkeit versänke in ihrer eigenen dumpfen, sich selbst verborgenen Enge, sie könnte nicht zum sehnenden Schmerz und nicht zum entschlossenen Sich-abfinden werden, hätte nicht der wissende Geist sich immer schon hinausgeschwungen über seine eigene Endlichkeit, hinaus in die lautlosen Weiten, die du, die schweigende Unendlichkeit, erfüllst. Wohin also soll ich fliehen vor dir, wenn alle Sehnsucht nach dem Grenzen-losen und aller Mut zu meiner Endlichkeit dich bekennt?"[80]

„„Die Sinnfrage muss als Frage unerbittlich selber geläutert werden, indem ihr die Unbegreiflichkeit Gottes entgegenkommt und sie selber in die Frage stellt, ob sie es vermag, sich als die Frage nach einer Unbegreiflichkeit zu verstehen, die selig macht, oder ob sie insgeheim, weil letztlich ein dritter Sinn nicht möglich ist, die Unbegreiflichkeit Gottes nur als ein anderes Wort für die leere Absurdität des Daseins verstehen will.'"[81]
Nichts ist uns eigentlich vertrauter und selbstverständ-licher als das schweigende Fragen über alles Befragte und Beherrschte hinaus...Der Blick auf das Herz Christi kann uns einweihen in die liebende Übergabe unseres ganzen Wesens an das Geheimnis, das bleibt, in dessen Abgrund wir gründen..."[82]

"Der Glaubende wird aber aus eigener Erfahrung alles Verständnis für einen 'bekümmerten Atheisten' haben... Ein solcher ist Gott deshalb näher, weil die unerfüllte

---

[80] „Beten mit Karl Rahner", Band 2 „Gebete des Lebens", S. 26 f, Freiburg-Basel-Wien, 2004
[81] Langer/ Niewiadomski „Die theologische Hintertreppe", Pattloch – Verlag München, 2005, S. 43 – Das Zitat von Langer stammt von Karl Rahner
[82] Karl Rahner „Meditationen zum Kirchenjahr", St. Benno – Verlag GmbH Leipzig, 1967, S. 311f

metaphysische Sehnsucht (sofern diese wirklich da ist und man sich ihr aussetzt, sie bekümmert ausgelitten wird und nicht nochmals narzisstisch genossen wird) insgeheim mehr von Gott weiß als der sogenannte 'Gläubige', der meint, Gott sei eine Frage, mit der er schon längst fertig geworden sei"[83]

„Es ist doch eigentlich so, dass der Atheist, für den dieses Leid eine absolut unlösbare Endgültigkeit hat, dieses Leid gerade als letztlich belanglos, als endlich, als eine Unvermeidlichkeit einer sich entwickelnden und sich immer wieder aufs Neue in ihren Gestalten auflösenden Natur erklären muss. Der Atheist hat das geringste Recht, dieses Leid der Welt besonders wichtig zu nehmen. Ein Mensch, der glaubt, dass Gott existiert, als ein heiliger, gerechter, liebender, unendlich mächtiger Gott, für den ist eigentlich das Leid erst ein wahres Problem. Er löst es dann nicht, aber er kann wirklich einsehen, dass gerade er von seiner Position her viel radikaler dieses Leid als Frage ernst nehmen kann als ein Atheist, der im Grunde genommen von vornherein sich mit der Absurdität dieser Welt, dieser Naturentwicklung, dieses Aufgehens und Abstürzens zufriedengeben muss."[84]

„Wenn ich die Argumente des Daseins gegen das Christentum annehmen würde, was böten sie mir, um zu existieren? Die Tapferkeit der Ehrlichkeit und die Herrlichkeit der Entschlossenheit, der Absurdität des Daseins mich zu stellen? Aber kann man diese als groß, als verpflichtend, als herrlich annehmen, ohne schon wieder, ob man es reflex weiß oder nicht, ob man will

[83] Karl Rahner „Rechenschaft des Glaubens", Freiburg-Basel-Wien/Zürich, Köln, 1979, S. 143
[84] Karl Rahner, Sämtliche Werke, Freiburg-Basel-Wien, 2010, S. 447

oder nicht, gesagt zu haben, dass es ein Herrliches und Würdiges gibt? Aber wie sollte es dies geben im Abgrund absoluter Leere und Absurdität?"[85]

„Wenn wir die genannten skeptischen Relativisten anblicken, die sich weigern, ihre Existenz zu Ende zu denken, die reisen, ohne zu wissen, wohin, und die eigentlich die einzig reale Alternative zu der absoluten christlichen Hoffnung sind, dann ist einfach nicht zu sehen, wie diese christliche Botschaft einmal überholt... werden könnte. Denn das Christentum verwirft ja nicht dieses oder jenes...Das Christentum sagt nur... dass dem einzelnen Menschen und der Gesamtgeschichte der Menschheit eine unendliche, schon offene Wirklichkeit angeboten ist, die...nicht erst gemacht, sondern durch die Freiheit einer unbedingten Liebe erreicht werden muss und Gott heißt."[86]

„Man kann es eigentlich niemandem vormachen. Man kann niemanden zwingen, die Planke loszulassen, an der der Mensch sich krampfhaft festhält, obwohl er weiß, dass sie ihn nicht retten kann, die Planke der verzweifelten Selbstbehauptung und der sich selbstbehauptenden Verzweiflung...Man kann nur immer wieder sagen: Dein angebliches Nichtkönnen...geht gar nicht in Wahrheit als eine bloße Tatsache deinem Wollen voraus... Warum will dein Knie, deine Hand, dein Mund nicht sprechen, was dein Herz vermeintlich nicht kann? Weil es unredlich wäre? Aber ist es unredlich, so zu tun mit dem Leib, wenn das Herz sich sehnt, zu können, was es vermeintlich noch nicht vermag? Sind wir uns aber nicht

[85] Karl Rahner, Gegenwart des Christentums, Freiburg-Basel-Wien, 1963, S. 36
[86] Karl Rahner, „Stirbt das Christentum aus?", Freiburg, 1981, S. 8

einig, dass dein Herz ersehnen soll, was es – wie du sagst – nicht kann, glauben an den Sinn, die Freiheit, das Glück, die Weite, die lichte Wahrheit, an – Gott? Wie könntest du, was in dir ist, ausdrücken mit dem bitteren Wort: Ich kann nicht, ohne zugleich einzugestehen, dass es gut wäre, ersehnt und verpflichtend ist, zu können? Ich meine, es bleibt dabei: Gnade kommt in der Gestalt deiner freien Tat; und es ist nie so, dass du nur warten dürftest. Eines kannst du immer: wenigstens auf den Knien und mit dem Mund in die ohnmächtige, grenzenlose Finsternis deiner toten Herzenswüste hineinrufen, dass du nach Gott verlangst...“ [87]

„Man hat auch noch eine seltsamere Art der Maskierung dieser Verzweiflung erfunden: Man sagt, es sei eigentlich die wahre Größe des Menschen, verzweifelt zu sein. Nur ein solcher Verzweifelter, der mit allem fertig geworden und hinter alles gekommen sei und gemerkt habe, dass hinter allem – nichts sei, sei der eigentliche, der wahre Mensch.“[88]

„Es kann sein, dass solche illusionslose Erkenntnis der Anfang des Heiles ist, dass solche Menschen nicht mehr fern vom Reiche Gottes sind. Dann nämlich, wenn sie wirklich so verzweifelt sind, dass sie – nicht ihre Verzweiflung zu ihrem perversen Stolz machen und sich nicht einbilden (mehr ist es dann auch nicht), aus eigener Kraft die verzweifelte Leere zu sein, sondern lieber aus der Gnade eines anderen (des einen anderen) die geschenkte Fülle zu sein bereit sind.“[89]

---

[87] Karl Rahner „Beten mit Karl Rahner“, Freiburg-Basel-Wien, 2004, Band 1 „Von der Not und dem Segen des Gebetes“, S. 60 f

[88] Karl Rahner, Von der Not und dem Segen, ebenda, S. 53

[89] Ebenda, Von der Not und dem Segen, S. 53

„Mitten im Innersten des bindungslos gewordenen, des kirchen- und dogmenfreien Menschen stand unversehens eine Gewalt auf, die den scheinbar ganz frei gewordenen Menschen bedrängte und verknechtete. In dem Maße, als er den äußeren Bindungen einer allgemein verpflichtenden Sitte, verpflichtender Grundsätze des Denkens und Handelns sich entzog, in dem Maße wurde er nicht eigentlich frei, sondern verfiel anderen Herrschaften, die von innen her ihn übermächtig überfielen: den Mächten des Triebes, den Mächten des Geltungsstrebens, des Machthungers, den Mächten der Geschlechtlichkeit und des Genusses und gleichzeitig den Ohnmächten der von innen her den Menschen aushöhlenden Sorge, der Lebensunsicherheit, des Sinnschwundes des Lebens, der Angst und der ausweglosen Enttäuschung...Er wollte ganz sich selbst entdecken und in sich die autonome Person von unantastbarer Würde – und hatte eigentlich nach aller Tiefenpsychologie und Psychotherapie und aller Existentialphilosophie und aller Anthropologie, in der sich alle Wissenschaften einfanden, um herauszubringen, was eigentlich der Mensch in seinen tiefsten Gründen und Untergründen sei, nur entdeckt, dass in den tiefsten Tiefen seines eigentlichen Wesens er eigentlich gar nicht – er sei, sondern ein unübersehbares, ungeheuerliches Chaos von allem und jedem, in dem der Mensch eigentlich nur so etwas ist wie ein sehr zufälliger Schnittpunkt dunkler, unpersönlicher Triebe...Weiß der Mensch von heute aus sich wirklich mehr von sich, als dass er eine Frage ist in eine grenzenlose Finsternis hinein, eine Frage, die nur weiß, dass die Last der Fragwürdigkeit bitterer ist, als dass der Mensch sie auf die Dauer erträgt?"[90]

---

[90] Ebenda Von der Not und dem Segen, S. 67 f

„Sagt der Skeptiker, er lebe skeptisch, vertrete aber keine absolute Theorie eines Skeptizismus, so kann er gefragt werden, ob diese Erklärung nicht eben doch wieder eine Theorie im Keim sei...und ob er ... vermeiden könne, auch noch diese Erklärung abzugeben, was doch einfach unmöglich ist, solange ein Mensch nicht total in einer dumpfen Unreflektiertheit leben kann."[91]

„Es bleibt dem Menschen letztlich keine Wahl: er versteht sich letztlich als platte Leere, hinter die man kommt, um mit dem zynischen Lachen des Verdammten zu merken, dass nichts dahinter ist, oder – da er selber sicher nicht die Fülle ist, die beruhigt in sich ruhen könnte – er wird gefunden von der Unendlichkeit."[92]

„Was geschieht an Weihnachten? Das Wort Gottes, sagen wir als Antwort, ist Fleisch geworden und hat unter uns gewohnt. Aber was heißt das? Das ist das unsagbare Geheimnis, das wir glauben, weil der Mensch letztlich doch nur die Möglichkeit hat, entweder an den Abgrund der Leere und des Nichts *oder* an das unfassbare Geheimnis verborgener Seligkeit zu glauben. Alle Positionen *zwischen* diesem tiefsten Abgrund und dieser höchsten Höhe lassen sich auf die Dauer nicht halten."[93]

„Wir stehen doch vor dem Dilemma, entweder uns immer neu davon zu überzeugen, dass dieser Schrei des Protestes, der alle Weltgeschichte begleitet, doch gehört und beantwortet wird in einer Weise, die von hier aus

---

[91] Karl Rahner/Karl Heinz Weger, „Was sollen wir noch glauben?", Freiburg-Basel-Wien, 1979, S.28
[92] Karl Rahner „Gegenwart des Christentums, Freiburg-Basel-Wien, 1963, S. 60
[93] Karl Rahner „Unbegreiflicher-so nah", Mainz, 1999, S. 185 – ursprünglich in Karl Rahner „Schriften zur Theologie", Band VII, Zürich-Köln, 1971, S. 133-136 („Friede auf Erden")

nicht begriffen, aber auch nicht widerlegt werden kann, oder uns davon zu überzeugen, dass alle diese Proteste von vornherein sinnlos sind, dass sie nicht mehr bedeuten als irgendwelche physikalischen Reibungserscheinungen, die kommen und gehen."[94]

„Die ‚stille Resignation'... ist auch ein moralisches Postulat, von dem ich nicht einsehe, wie es ohne ausdrücklichen oder stillschweigenden Rückbezug auf Gott gerechtfertigt werden könnte. Warum soll ich eher still resigniert sein als wild protestieren, wenn doch letztlich die eine und die andere Haltung in den Abgrund stürzt, in dem nichts vor einem anderen einen Vorzug beanspruchen kann?"[95]

„Wo wir das Denken nicht vergessen über dem Gedachten, die Freude nicht über dem Erfreulichen, die Verantwortung nicht über dem Verantworteten, die unendliche Zukunft nicht über dem Gegenwärtigen, die maßlose Hoffnung nicht über dem gerade jetzt Erstrebten, da haben wir es schon mit Gott zu tun, wir mögen diesem Namenlosen diesen oder einen anderen Namen oder keinen geben."[96]

„Man kann natürlich eine solche Philosophie hier unerfüllbarer Transzendentalität als uninteressante Phantasterei abtun...diese unerfüllte Transzendentalität bleibt doch, auch wenn sie verdrängt wird; sie ist am Werk hinter zahllosen Phänomenen des individuellen und kollektiven Lebens, in der Langeweile, deren Nebel alles bunt Konkrete verschluckt, in der gereizten Aggressivität gegen die Gegenwart, die einem unerträglich unvollkom-

---

[94] Rahner/Weger, ebenda, S. 64
[95] Rahner/Weger, ebenda, S. 64
[96] Karl Rahner „Das große Kirchenjahr", Leipzig, 1987, S. 89

men vorkommt, so dass man ihr in eine utopische Zukunft geträumter Art zu entfliehen sucht; in Psychotechniken der Flucht aus einer Welt, die einem zu eng und trostlos zu sein scheint (eigentlich ja mit Recht); in dem Versuch, das endlich Angenehme oder endlich Bedeutsame in raffiniertem Genuss oder einer Ideologie so zu steigern oder zu übersteigern, dass das Phänomen der Endlichkeit all dieser übersteigerten Wirklichkeiten nicht mehr erfahren wird; in dem Versuch, im radikal Bösen einer Unendlichkeit habhaft zu werden, die einem das immer nur endlich verwirklichte Gut nicht gibt; und so fort"[97]

„Wo eine Verantwortung in Freiheit auch dort noch angenommen und durchgetragen wird, wo sie keinen angebbaren Ausweis an Erfolg und Nutzen mehr hat,
Wo ein Mensch seine letzte Freiheit erfährt und annimmt, die ihm keine irdischen Zwänge nehmen können,
Wo der Sturz in die Finsternis des Todes noch einmal gelassen angenommen wird als Aufgang unbegreiflicher Verheißung,
Wo der bittere, enttäuschende und zerrinnende Alltag heiter gelassen durchgestanden wird…
Wo man sich loslässt, ohne Bedingung, und diese Kapitulation als den wahren Sieg erfährt,
Wo der Mensch alle seine Erkenntnisse und alle seine Fragen dem schweigenden und alles bergenden Geheimnis anvertraut, das mehr geliebt wird als alle unsere uns zu kleinen Herren machenden Einzelerkenntnisse,
Wo wir im Alltag unseren Tod einüben und da so zu leben versuchen, wie wir im Tode zu sterben wünschen, ruhig und gelassen… Das ist Gott und seine befreiende Gnade. Da erfahren wir, was wir Christen den Heiligen

---

[97] Karl Rahner, Rechenschaft des Glaubens, ebenda, S. 26 f

Geist Gottes nennen. Da ist die Mystik des Alltags, das Gottfinden in allen Dingen..."[98]

„Man könnte einmal das ganze Christentum auf die Formel bringen: Es ist der Glaube, in dem Gott den Hochmut des Menschen so übertrumpft, dass die ärgste Einbildung des Menschen von seinem eigenen Wert zu sündhaftem Kleinglauben und fast tierischer Bescheidenheit degradiert wird...Denn was heißt: Menschwerdung, Gnade und Glorie schließlich anders als: Der Mensch kann es (und sich selber nur so) aushalten, mitten in Gott zu sein..."[99]

„In der Geschichte ereignet sich in tausend und abertausend Zeiten, Orten und Gestalten überall das Eine, das sie hervorbringt und trägt: das schweigende Ankommen Gottes. Es kann sich ereignen. Denn ob und wo es wirklich geschieht, das ist das unerforschliche Geheimnis Gottes und der Freiheit des Menschen im letzten Grund seines Daseins".[100]

„Hier gilt wirklich das Axiom, dass der Schluss von der Wirklichkeit auf die Möglichkeit legitim ist. Wir beten, die Menschheit betet, also können wir zu Gott Du sagen. Wir brauchen uns nicht zuerst ein Wesen des Menschen ausdenken und dann von diesem vorgegeben ausgedachten Wesen her zu fragen, ob solch ein Wesen sinnvoll seinen eigenen unbegreiflichen, unheimlichen Urgrund und Abgrund anreden könne. Wir gehen von der Wirklichkeit solchen betenden Anredens aus und haben von daher das Wesen des Menschen zu bestim-

[98] Karl Rahner „Worte gläubiger Erfahrung", Freiburg-Basel-Wien, 2004, S. 62 f
[99] Karl Rahner, Das große Kirchenjahr, ebenda, S.301
[100] Karl Rahner „Unbegreiflicher-so nah", Mainz, 1999, S. 180

men: Er ist der, der zu Gott Du sagen kann; seine Endlichkeit und seine Abhängigkeit sind derart, dass sie in Selbständigkeit offen sind auf Gott als den Partner, den Partner freilich, dem der Mensch sich gerade im Gebet übergibt als der, der alles von dem hat, den er anredet, selbst das Anredenkönnen und das Anreden selbst. Man muss darum solches Dusagen wagen, immer neu wagen, hinweg über seine Paradoxheit, man muss eine höhere Naivität erkämpfen und erleiden, wenn die erste und vorläufige Naivität, die sich und Gott zu harmlos als zwei Realitäten begriffen hat, die miteinander in Beziehung treten können, unter dem tödlichen Erschrecken über Gottes Unbegreiflichkeit und alles tragende Macht wie verglüht ist.

Wenn dieses Dusagen auf Gott hin sich selbst nicht mehr selbstverständlich vorkommt, sondern sich nochmals als geschenkte und von Gott her eröffnete höchste Möglichkeit des Menschen erfährt...wenn...erfahren wird, dass Gottes Geist in uns beten muss und er selbst Abba, lieber Vater, sagen muss als unser Wort, damit wir Vater sagen können, dann hat zwar unsere Anrede an Gott erst ihr eigenes Wesen wirklich gefunden...Wenn wir aus dem Kreis dieses betenden Dusagens heraustreten, dann verfinstert sich für uns auch die Möglichkeit des Gebetes als Anrede an Gott bis zu völliger Sichtlosigkeit. Gott wird dann antlitzlos..."[101]

„Auch die reine Flamme nach oben wäre noch nicht die Liebe, die Gott von uns will, weil Er sie uns geschenkt hat. Auch die lauterste Sehnsucht des Menschen nach dem unendlichen Gott könnte von sich aus den Unnahbaren nur von Ferne umkreisen. Dass wir mehr können, dass wir vor sein Antlitz kommen, dass es uns –

---

[101] Karl Rahner „Praxis des Glaubens", Freiburg-Basel-Wien/ Zürich-Köln, 1982, S. 140 f

Inhalt des ewigen Lebens – gelingen kann, Ihn zu schauen, wie Er ist, und seiner innersten Liebe teilhaft zu werden, das ist die Tat seiner Liebe, das ist nur möglich, weil Er selbst in seinem Heiligen Geist seine letzte, die absolute Liebe in unsere Herzen ausgegossen hat... Das ist nur möglich, weil Er zu uns gekommen ist, weil die Unbegreiflichkeit Seiner Liebe geschehen ist, die dorthinein sich weggeliebt, wo nichts war, das solcher Liebe würdig war oder sie herausfordern konnte. Nicht wir steigen auf zu Ihm, sondern Er stieg ab zu uns. Weil er uns fand, können wir ihn suchen..."[102]

„Ich entrinne mir nicht und will nicht dieser meiner verantwortlichen Freiheit eines wahren Subjekts entrinnen. Soll diese Überantwortetheit an sich selbst bei mir in einem letzten Protest geschehen oder in einem letzten Ja? Da ich bin und mir und meiner Freiheit so schon ein Ja vorgegeben ist, scheint mir einerseits mein Ja so selbstverständlich vom Grund der Wirklichkeit her zu sein, dass mir oft scheinen mag, dass alle Proteste gegen die eigene Existenz in ihrer ganzen Konkretheit doch nur vorläufige Begleitphänomene eines im Grunde universalen Ja zu sich und dem Ganzen der eigenen Existenz sind."[103]

„Mir scheint, in allem blickt Gott mich an und lässt sich begegnen. Es ist nun einmal so, dass es mit einem halben Ja und einem halben Nein zusammen nicht geht, auch wenn wir es immer wieder versuchen...Das reine Ja, das alles umfasst und nur das Nichts aus seiner ursprünglichen Einheit ausschließt, heißt Gott. Wir sind

[102] Karl Rahner, Von der Not und dem Segen des Gebetes, ebenda, S.90f
[103] Rahner/Weger, Was sollen wir noch glauben? ebenda, S.190

nicht Er. Aber uns ist es gegeben, an ihn zu glauben und den Sprung des Vertrauens, der Hoffnung und der Liebe in den Abgrund seiner Unbegreiflichkeit zu wagen. Sonst müssten wir den Mut zum reinen Nein haben. Aber dieses rechtfertigt nichts, so dass man kaum oder gar nicht verstehen kann, wie ein Mensch die Möglichkeit eines solchen reinen Neins haben könnte."[104]

„Was sollte denn den Glauben an Gott erschüttern? Das Hohe und Selige des Lebens kündet von ihm. Die schrecklichen Abgründe schreien genauso nach ihm, die Banalität des Alltags wird doch nur erträglich in der Hoffnung, dass das Leben des Geistes, der Freiheit und der Liebe nicht in dieser Banalität grausam und endgültig versandet. Die absolute Würde der Liebe und Treue ist inwendig erfüllt und getragen von dem, was wir Gott nennen. Alle Straßen der Zukunft führen zu Gott, wenn sie sich nicht im Nichts verlaufen sollen und so auch die kleinen Wegstücke, die wir darauf abschreiten, sinnlos machen sollen.

Mir scheint, in allem blickt Gott mich an und lässt sich begegnen. Es ist nun einmal so, dass es mit einem halben Ja und einem halben Nein zusammen nicht geht... Wir sind nicht Er. Aber uns ist es gegeben, an ihn zu glauben und den Sprung des Vertrauens, der Hoffnung und der Liebe in den Abgrund seiner Unbegreiflichkeit zu wagen. Sonst müssten wir den Mut zum reinen Nein haben. Aber dieses rechtfertigt nichts..."[105]

Rudolf Hubert, Schwerin, den 04.01.2016

---

[104] Rahner/Weger, ebenda, S. 66 f
[105] Rahner/Weger, ebenda, S. 66 f

Zum Autor

„Rudolf Hubert (geb. 1958) ist Regionalleiter der Region Schwerin im Caritas-Verband für das Erzbistum Hamburg.

Als Schüler in der ehemaligen DDR ist er auf das Büchlein von Karl Rahner gestoßen: "Von der Not und dem Segen des Gebetes". Mit diesem Büchlein konnte er spirituell und intellektuell in der damaligen Situation Boden gewinnen. Seine anhaltende Beschäftigung und vertiefende Auslegung des Werkes Karl Rahners hat er in der umfassenden Studie zusammengefasst: „Im Geheimnis leben - Zum Wagnis des Glaubens in der Spur Karl Rahners ermutigen" (Würzburg: Echter 2013). Dieses Werk kann als vertiefende Auslegung ebenso empfohlen werden, wie als mystagogische Anleitung zur eigenen Glaubensfindung bzw. -vertiefung."

Prof. Dr. Roman A. Siebenrock, Universität Innsbruck